DECLARATION

DV ROY, PORTANT

L'ORDRE QVE SA MAIESTÉ veut estre obserué pour la recherche des abus & maluersations commises au faict de ses Finances.

Verifiée en la Chambre de Justice, le seiziesme Nouembre 1624.

A PARIS,

Par FED. MOREL, & P. METTAYER, Imprimeurs ordinaires du Roy.

M. DC XXIIII.

Auec Priuilege de sa Majesté.

OVIS par la grace de Dieu Roy de France & de Nauarre: A tous ceux qui ces presentes lettres verront, Salut. Par nos Lettres Patentes en forme d'Edict, du mois d'Octobre dernier, nous auons erigé & eſtably vne Chambre de Iuſtice pour la cognoiſſance & iugement des abus & maluerſations commiſes au faict de nos Finances. Et combien que nos Ordonnances & les Reglemens & ſtils de nos Cours contiennent amplement les regles & les formes qui ſe doiuent obſeruer en la recherche & punition des crimes: Toutesfois pource que la cognoiſſance de noſtredite Chambre ſ'eſtend par tout noſtre Royaume, & que l'artifice de ceux qui ne laiſſent pas de commettre leſdits crimes nonobſtant la defenſe des Loix, & le deuoir de leurs conſciences, inuentent tous les iours des manieres nouuelles pour ſe couurir, & faire que la Iuſtice ne les puiſſe conuaincre par l'vſage des formes ordinaires, Nous auons eſtimé qu'il eſtoit conuenable de declarer plus par-

A ij

ticulierement, & faire sçauoir à tous quelques poincts principaux de l'ordre & procedure que nous entendons estre tenue par les Iuges de ladite Chambre, pour preparer & esclaircir les preuues & paruenir plus aisément à la conuiction de ceux qui sont vrayement coulpables. A CES CAVSES, de l'aduis de nostre Conseil, & de nostre certaine science, pleine puissance & authorité Royale, par ces presentes signées de nostre main, pour n'obmettre aucune chose de ce qui est necessaire pour le bon reglement de nostredite Chambre, punition desdits abus & maluersations, non seulement de celles commises depuis le dernier iour de Septembre mil six cens sept, mentionnez en nostredit Edict : mais aussi de tous les cas reseruez & non compris par les reuocations & abolitions precedentes, (à la verification & poursuite desquels nous voulons & entendons estre procedé par ladite Chambre & nostre Procureur general en icelle.) AVONS ENIOINT & ordonné, enjoignons & ordonnons à tous nos Baillifs & Seneschaux, Lieutenans generaux & particuliers, & tous autres nos Iuges; qu'incontinant & sans delay ils facent publier en leurs sieges en vertu de ces presentes & de l'or-

donnance de ladite Chambre, nosdites lettres du mois d'Octobre dernier, Et en con-
sequence d'icelles, publier & afficher par les
places & lieux à ce accoustumez des Villes
& Bourgs de leurs Iurisdictions, Que toutes
personnes de quelque estat & qualité qu'ils
soient qui auront à faire des plaintes sur les
abus & maluersations commises en nos Finances, tant par suppositions de noms, prests,
achapts, ouurages, voyages, ports & voitu-
res de deniers, perte, conduite d'Artillerie,
doubles escroües ou contraintes, & quittances d'aucuns Tresoriers, Receueurs, Con-
troolleurs, leurs Clercs, Commis ou entre-
metteurs, Compositions faictes sur les com-
ptans, acquits patens, mandemens, rescriptions, assignations, ou pour auoir delay de
payer, commutations d'especes ou billonne-
mens, rebuts de deniers, leuées induës &
contre les Ordonnances, ou autrement en
quelque sorte & maniere, & contre quelque
personne que ce soit, qu'ils ayent à les apporter ou enuoyer au Greffe de nostredite
Chambre, & viennent en icelle en toute li-
berté, sauf à faire droict à ceux qu'il appartiendra sur la restitution des deniers induë-
ment exigez, ou cedules & obligations fein-
tes ou simulées, si le cas y eschet : Et pour cét

A iij

effect, nous les auons mis & mettons en noftre fauuegarde, faifant inhibitions & defen-
fes à toutes perfonnes de les deftourner ou
intimider, foit par menaces ou par quelques
autres voyes directes ou indirectes fur peine
de la vie. ENIOIGNONS pareillement à
tous nofdits Iuges, & tous autres nos Officiers lefquels nous commettons à cét effect,
que fi toft qu'ils en feront requis par quelques perfonnes que ce foit, ils ayent en vertu
de ces prefentes, & fans attendre autre commiffion à informer des abus commis en nof-
dites Finances contre toutes perfonnes, fans
aucun en excepter, decreter le plus promptement que faire fe pourra, & fe faifir des
perfonnes qui fe trouueront coupables defdits crimes, enfemble de leurs regiftres, papiers & comptes, nonobftant oppofitions ou
appellations quelconques, & fans preiudice
d'icelles, & enuoyer en diligence lefdites
charges & informations par eux faictes, enfemble lefdits papiers, regiftres & comptes
au Greffe de ladite Chambre. ENIOIGNONS
à tous tefmoins de comparoir à la premiere
affignation qui leur fera donnée, pour porter
tefmoignage en vertu des commiffions de
ladite Chambre ou autres Iuges par nous
commis, comme dict eft, à peine de cinquan-

te escus d'amende pour le premier refus, &
pour le second de punition corporelle s'il y
eschet, ce qui leur sera declaré par le premier
exploict qui leur sera faict. ENIOIGNONS
aussi à tous Iuges, Greffiers, Huissiers, Sergens ou autres personnes, d'apporter ou enuoyer au Greffe de ladite Chambre, dans
quinzaine apres la publication des presentes,
toutes les informations, procez verbaux &
procedures estans entre leurs mains ou
Greffes, faictes touchant lesdites suppositions & compositions, crimes & delicts sus-
dits, circonstances & dependances. EN-
IOIGNONS à tous Huissiers & Sergens si
tost que les Commissions, Decrets & Ar-
rests de ladite Chambre leur seront presen-
tez contre les accusez ou condamnez, mettre iceux sur le champ & sans delay à execution, à peine de priuation de leurs Estats. Et
à nos Procureurs en chaque siege souz mesmes peines, qu'ils tiennent la main à l'execution des presentes, selon leur forme & teneur, & enuoyent dans huictaine apres la re-
ception d'icelles les procez verbaux desdites
publications, pour y estre par nous pourueu
ainsi qu'il appartiendra. ET D'AVTANT
qu'il y a plusieurs années que nous auons
faict cognoistre l'intention que nous auions

de faire ladite recherche, mefmes decerné
plufieurs Commiffions particulieres à aucuns de nos Officiers, pour informer defdits
abus, tant generalemét & indefiniment, que
contre aucuns particulieremét denommez,
fuiuant les diuers aduis & plaintes qui nous
en ont efté faictes par plufieurs qui en auoiét
particuliere cognoiffance, que depuis ce
temps-la, ceux qui les ont commifes ont
effayé par diuers moyens d'en eftoufer la
cognoiffance, & d'en detourner les preuues,
ou pour le dernier remede faire en forte que
f'ils en eftoient recherchez & conuaincus,
l'exaction des amendes & condemnations
qui interuiédroient contre eux, fuft renduë
impoffible, obfcurciffant leurs affaires par
plufieurs contracts ceffions, tranfports, contrelettres, & autres actes fimulez, Novs
auons declaré & declarons nuls & de nul
effect & valeur tous lefdits actes paffez en
fraude par ceux qui ont efté & feront accu-
fez ou deferez, leurs Clercs & Commis, &
ceux qui ont efté employez par Commiffion.
Voulons que fans auoir égard à tous lefdits
actes, nofdits Iuges ayent à paffer outre à
l'execution des Iugemens qui feront par
eux donnez pour raifon defdits abus & mal-
uerfations depuis ledit iour dernier Septembre

bre mil six cens sept, mentionnez en nosdites lettres : Et de tous les cas reseruez &
abolis par les reuocations & abolitions precedentes. VOVLONS en outre que tous les
accusez ayent à bailler pardeuant nosdits Iuges vn estat par le menu des biens à eux es-
cheuz par les successions qu'ils ont recueil-
lies, & des acquisitions qu'ils ont faictes ; &
autres biens generalement par eux possedez,
soit en leurs noms ou souz le nom d'autruy,
& l'affermer souz peine de confiscation, non
seulement de toutes les choses obmises, mais
aussi de tous les biens qui se trouueront par
eux acquis depuis qu'ils ont esté pourueuz
d'offices comptables, & de punition corporelle, pour en iugeant lesdits procez y auoir
par nosdits Iuges tel égard que de raison.
ENIOIGNONS pareillement à tous ceux
& celles qui ont presté leurs noms ausdits
Officiers de Finances, & commis à icelles,
pour quelques obligations, contracts d'acquisitions de nos droicts, heritages, rentes
& autres choses quelconques, soit que l'on
ait suiuy leur foy simplement, ou qu'ils en
ayent donné des contrelettres souz sein priué, ou pardeuant Notaires ou autres personnes publiques, qu'ils ayent à le venir declarer au Greffe de nostredite Chambre, ou

B

pardeuant noſtre Procureur ſur les lieux
dans vn mois apres la publication des pre-
ſentes , faicte és Sieges & Iuriſdictions de
leurs domiciles, à peine d'eſtre condamnez
en leurs noms au payement des ſommes ou
valeur des heritages & choſes contenues és
actes eſquels ils auront interpoſé leur nom,
& autres plus grandes ſ'il y eſchet. E t
D'A v t a n t que pluſieurs deſdits Officiers,
meſmes ceux qui d'ordinaire ſont les plus
coupables, mettent leur principale defenſe
en la fuite, eſperant que les condamnations
qui pourront interuenir contre eux pendant
leur abſence ſeront difficilement executées,
au moyen des trauerſes & empeſchemens
qu'ils y preparent, & en tout cas que dedans
les cinq années deſdites condamnations, ils
pourront r'entrer dans leurs Offices & biés,
nonobſtant les adiudications & confiſcatiõs
d'iceux : N o v s auons en conſequence de
l'Ordonnance du Roy François premier,
dict, & ordonné, diſons & ordonnons, voulons & nous plaiſt que les Iugemens & condamnations qui interuiendront par contumace contre aucuns deſdits Officiers & autres ſuſdits, pour raiſon deſdites maluerſations, ou qui ne ſe trouuerront auoir rendu
leur compte dans le temps porté par les

Ordonnances, soient pleinement executez.
Et qu'en ce faisant il soit par nous pourueu
aufdits offices, sãs que cy apres pour quelque
occasion que ce soit ils y puissent r'entrer. Et
pour le regard de leurs autres biens, voulons
& ordonnons qu'à faute de se representer
par les condamnez dans six mois, du iour
desdites condamnations, les confiscations
des biens par eux acquis depuis qu'ils ont
esté pourueuz d'offices comptables, demeu-
rent purement & incommutablement ac-
quises à nous ou à qu'il appartiendra, sans
aucune esperance d'y pouuoir r'entrer apres
ledit temps, pour quelque cause & occasion
que ce soit, mesmes en consignãt les despens
& amendes, & en quelque autre sorte & maniere que se puisse estre, nonobstant les Ordonnances precedentes qui donnent le ter-
me & espace de cinq ans aux condamnez par
contumace, ausquelles nous n'entendons
estre compris ceux qui manifestement enri-
chis des despoüilles de nostre peuple & de
nos Finances se rendent par ceste fuite clai-
rement conuaincus de peculat & vol public
de nos deniers, ausquelles Ordonnances, en
tant que besoin seroit, nous auons pour ce
regard derogé & derogeons par ces presen-
res, sans preiudice des pourfuites, faisies, ven-

tes & adiudications par decret fur leurs autres biens pour le payement des amendes &
reftitutions efquelles ils aurôt efté condamnez. VOVLONS & ordonnons que tous
les deniers qui prouiendront defdites condamnations, confifcations, Offices & autres biens, deduction faicte du droict qui
fera adiugé aux denonciateurs, & des reftitutions que nofdits Iuges trouueront raifon-
nable de faire aux particuliers, foient mis par
le Receueur par nous commis és mains du
Treforier de noftre Efpargne pour eftre affi-
gnez aux plus importantes affaires de noftre
Eftat, nonobftant tous dons que nous pour-
rions faire defdits biens, partie ou portion
d'iceux deniers ou Offices, lefquels nous
auons declarez & declarons nuls & de nul
effect & valeur. ET AFIN que la preuue
& cognoiffance defdits abus fe puiffe plus
facilement auoir, & n'obmettre aucun
moyen d'en defcouurir la verité, outre ce
que nous auons cy deffus ordonné pour les
Iuges des prouinces, Permettons à noftredit
Procureur general en ladite Chambre ob-
tenir & faire publier par tout ou il appartiendra, les Cenfures & Monitions en tel cas
requifes & accouftumées, VOVLONS que
fuiuant noftredit Edict il foit procedé par

l'vn des Iuges de ladite Chambre aux informations & auditions des denonciateurs &
tesmoins, le plus promptement que faire se
pourra, prenant mesmes leurs Clercs pour
Greffiers. PERMETTONS aussi à nostredit Procureur general, aux occasions pres-
santes, & où il y aura danger d'euasion de
faire arrester ceux contre lesquels il aura re-
ceu des plaintes, accusations & denoncia-
tions, & iceux faire constituer prisonniers.
Et pour éuiter aux longueurs, voulons que
nostredite Chambre ayt à deliberer & decreter, si besoin est, sur les minuttes des informations, sans attendre qu'elles ayent esté
grossoyées. ENIOIGNONS à ceux qui
ont esté employez aux negociations & en-
tremises des compositions & traictez frau-
duleux & prohibez pour raison de nosdites
Finances, assignations, rescriptions, mandemens, quittances & autres actes lesquels
y peuuent estre employez, sans cognoistre
qu'il y eust fraude, & que ce fust traicté &
négociation defendus, & y ont de leur part
procedé de bonne foy, selon la charge qui
leur a esté baillée de la part de ceux qui les
employoient, Qu'ils ayent à en dõner aduis à
nostredit Procureur general, dans quinzaine
apres la publication des presentes, à peine

d'eſtre eux meſmes condamnez comme coulpables à la reſtitution des ſommes qui ont eſté remiſes ou quittées par leurs nego-ciations, & de telle punition qui ſera arbi-trée par nos Iuges, Auſquels nous mandons faire & adiuger telle recompenſe qu'ils ver-ront eſtre raiſonnable auſdites perſonnes qui ſe viendront decouurir de bonne volon-té. DEFENDONS à tous nos ſubjects ſur peine de la vie de meffaire ny medire aux perſonnes ſuſdites, & à tous les denoncia-teurs, leſquels à ceſte fin nous auons pris & mis, prenons & mettons en noſtre ſauuegar-de & protection ſpeciale. DEFENDONS à tous Huiſſiers & Sergens d'attenter à leurs perſonnes ſouz pretexte de quelques con-traintes par corps que l'on pourroit auoir obtenues contre eux au preiudice des de-fenſes particulieres que nous accorderons à chacun d'eux ſur les certifications de noſtre-dit Procureur general, & pour le temps por-té par icelles. DEFENDONS auſſi à tous leſdits denonciateurs, teſmoins & autres qui ont eu cognoiſſance ou communication deſ-dites fraudes & abus, d'accorder, compoſer & tranſiger auec les coupables ou autres per-ſonnes pour eux directement ny indirecte-ment à peine de punition corporelle, & de

confiscation de tous leurs biens. S I D O N-
N O N S E N M A N D E M E N T à nos amez &
feaux Conseillers les Iuges de nostredite
Chambre de Iustice, que ces presentes ils
facent registrer au Greffe d'icelle, & le con-
tenu cy dessus, garder & obseruer de point
en point selon sa forme & teneur : En tes-
moin de quoy nous auons faict mettre nostre
seel à sesdites presentes : Car tel est nostre
plaisir.   Donné à Paris l'vnziesme iour de
Nouembre, l'an de grace mil six cens vingt-
quatre, Et de nostre regne le quinziesme.
Signé, L O V I S.   Et sur le reply, Par le
Roy, D E L O M E N I E. Et seellée du
grand seau de cire iaune sur double queüe.
Et à costé dudit reply est encore escrit,

Leuës & Registrées au Greffe de ladite Cham-
bre pour estre executées selon leur forme & teneur,
sans preiudice du droict des vrais & legitimes
Creanciers, le seiziesme Nouembre 1624.
Signé,   L A M Y.

EXTRAICT DES REGISTRES
de la Chambre de Iustice.

E V par la Chambre de Iustice establie par
le Roy, pour la recherche & punition des
abus & maluersations commises au faict de

ſes Finances, les Lettres patentes de ſa Majeſté adreſ-
ſantes à icelle Chambre, données à Paris l'onzieſme
Nouembre l'an de grace mil ſix cens vingt-quatre,
ſignées, LOVIS: Et ſur le reply, Par le Roy, De
Lomenie: Seellées ſur double queuë du grand ſeel de
cire iaune. Ouy le Procureur general du Roy, Tout
conſideré: LADITE CHAMBRE a ordonné
& ordõne que leſdites lettres ſerõt regiſtrées au Greffe
d'icelle, pour eſtre executées ſelon leur forme & teneur, ſans preiudice du droiĉt des vrais & legitimes
creanciers: Et ce faiſant, ſerõt à la requeſte du Procureur General du Roy en icelle, leuës, publiées, & regiſtrées és Greffes du Chaſtelet de cette ville de Paris, &
copies d'icelles lettres collatiõnces à l'original, enuoyées
par les Prouinces aux Subſtituts dudit Procureur General du Roy és villes de ce Royaume, pour à leur
diligence icelles pareillement faire publier & regiſtrer
és Greffes des Preuoſtez, Bailliages, Seneſchauſſées,
& autres Iuſtices deſdits lieux, à ce qu'aucuns n'en
pretendent cauſe d'ignorance. Et de la diligence qu'ils
en auront faiĉte, ſeront tenus en certifier ladite Chambre dans vn mois apres icelles receuës, ſur peine d'en
reſpondre en leur propre & priué nom. FAICT en
la Chambre de Iuſtice, le ſeizieſme iour de Nouembre
mil ſix cens vingt-quatre.

Signé,　　　　　　　　　　　　LAMY.